Bibliografische Information der Deutschen Nationalbibliothek
Die Deutsche Nationalbibliothek verzeichnet diese Publikation in der Deutschen Nationalbibliografie; detaillierte bibliografische Daten sind im Internet über http://dnb.dnb.de abrufbar.
Informationen zu unserem gesamten Programm, unseren AutorInnen und zum Verlag finden Sie unter: www.mabuse-verlag.de.
Wenn Sie unseren Newsletter zu aktuellen Neuerscheinungen und anderen Neuigkeiten abonnieren möchten, schicken Sie einfach eine E-Mail mit dem Vermerk „Newsletter“ an: online@mabuse-verlag.de.

Kasseler Straße 1a
60486 Frankfurt am Main
Tel.: 069-70 79 96-13
Fax: 069-70 41 52
verlag@mabuse-verlag.de
www.mabuse-verlag.de
www.facebook.com/mabuseverlag

Illustrationen und Text: Ljuba Stille
Gestaltung: nettekoven, Köln
Druck: Printfinder, Riga
ISBN: 978-3-86321-547-7
Printed in Latvia

Ljuba Stille, 1964 in Frankfurt am Main geboren, hat nach einer handwerklichen Ausbildung Sozialarbeit studiert. Mit der Geburt ihrer Kinder hat sie begonnen, Geschichten für Kinder zu schreiben und zu illustrieren. Mittlerweile arbeitet sie als freie Künstlerin. Im Mittelpunkt ihres Werks steht der Mensch, seinen Schwächen begegnet sie mit Humor.

Ljuba Stille

Kurz war ich König

Ein Kinderfachbuch über Geschwisterrivalität

Mit einem Fachteil von Gabriele Meyer-Enders und Lars Adam

Mabuse Verlag

Als ich klein war, war ich ein König.

Mama hatte immer Zeit für mich und tat alles, was ich wollte.

Hatte ich Hunger, brauchte ich bloß „Mama“ zu schreien und sie gab mir zu essen.

War mir langweilig, brauchte ich bloß Mama zu rufen und sie spielte mit mir.

Kam Oma zu Besuch,
hatte sie nur Augen für mich.

Und Papa ließ Drachen mit mir steigen,
wann immer ich wollte.

Doch dann kam Gustav!

Wenn ich Hunger hatte, musste ich warten.
Mama hatte keine Zeit, sie musste Gustav füttern.

Wenn ich spielen wollte, hatte Mama keine Zeit.
Sie musste Gustav wickeln.

Wenn Oma zu Besuch kam, nahm sie Gustav auf den Arm und sah mich gar nicht mehr an.

Wenn ich mit Gustav spielen wollte,
fing er an zu schreien

und Papa war nur noch müde.

Gustav wird niemals König sein.

Wenn er mit Mama spielen will, habe ich Hunger.

Wenn er Drachen steigen lassen will,
will ich mit Papa Fahrrad fahren.

Das ist ungerecht!
Gustav will auch einmal König sein.

Doch Gustav hat etwas,
das ich niemals haben werde:
einen großen Bruder!

Informationen und Tipps

für Eltern und andere Bezugspersonen

Lars Adam, Psychotherapeut für Kinder, Jugendliche und junge Erwachsene, Verhaltenstherapie, ist seit über sechs Jahren selbständig in eigener Praxis für Kinder und Jugendliche Psychotherapie in Köln. Er hat durch die jahrelange Leitung von Geburtsvorbereitungskursen für Väter und zwei eigene, zu Hause geborene Kinder viel Erfahrung mit allen Themen rund um die Vergrößerung einer Familie.

Gabriele Meyer-Enders, Kinder- und Jugendlichen-Psychotherapeutin, tiefenpsychologisch fundierte Psychotherapie, ist seit 25 Jahren in eigener Praxis in Köln tätig und 1. Vorsitzende und Mitgründerin des KIKT Akademie e.V.. Sie ist älteste Schwester nach 12 Jahren Einzelkinddasein und hat zwei erwachsene Stiefkinder.

Inhaltsverzeichnis

Geschwister – wie sie sich finden und nicht mehr verlieren können

Die Beziehungen zu unseren Geschwistern sind die längsten und dauerhaftesten, die ein Mensch haben kann. Sie sind durch ein hohes Maß an Intimität geprägt, welche in keiner anderen sozialen Beziehung erreicht wird. Die Besonderheit der Geschwisterbeziehungen besteht nicht nur durch die biologisch tiefe Verbundenheit und die familiären und gesellschaftlichen Erwartungen, sondern auch durch die Position, die ein Kind in der Geschwisterfolge einnimmt. Entweder sind sie als ältere Geschwister von Anfang an schon da und begleiten das nachfolgende Kind durch alle Entwicklungsphasen seines Lebens. Sie sind Vorbild und Unterstützer, Gegenmodell und Ersatzeltern. Das nachgeborene Kind erlebt an ihnen, was in naher Zukunft auf es zukommt: Schule, Pubertät, Liebeskummer, Beruf, Familie, und sie erleben auch deren Gefühle und Entwicklungen, die damit verbunden sind.

Oder das erstgeborene Kind hat einen kleinen Vorsprung an Jahren und begleitet das jüngere Geschwister von der Geburt an. Es kennt alle Hürden und Leiden, Freuden und Sehnsüchte. Vertrautheit und Verbundenheit – auch manchmal eine Koalition gegen die Eltern, Trost spenden und suchen – das sind ideale Geschwisterbedingungen.

Auf der anderen Seite sind Geschwisterbeziehungen häufig emotionalen Zwiespältigkeiten ausgesetzt, die dem gleichzeitigen Vorhandensein von Fürsorge und tiefen Rivalitäten unterliegen. Während eines Lebens verändert sich die Geschwisterbeziehung zwangsläufig. Sie entfernen sich voneinander, wenn die eigene Autonomie zunimmt und Beruf und Partnerschaft in den Vordergrund treten. Jedoch findet man auf Familienfeiern sofort wieder in seine alten Rollen, beliebte wie unbeliebte. Im weiteren Verlauf, wenn die eigenen Kinder in die Selbstständigkeit gehen und die Eltern vermehrter Sorge bedürfen, aktivieren sich die Geschwisterbeziehungen wieder, um die Aufgabe der Pflege zu übernehmen. Auch hier werden die lebenslangen Strukturen der Geschwisterbeziehung deutlich, und so manch eine Familie versucht jetzt, die Rollen neu zu verteilen, Dinge auszusprechen oder zu klären, die seit Jahrzehnten auf Aufarbeitung warten. Mit dem Tod der Eltern sind nun die Geschwister ganz auf sich gestellt. Berichte aus Altenpflegeheimen erzählen von erbitterten Auseinandersetzungen aber auch „Happy Ends“, 80 Jahre Familiengeschichte werden neu besprochen – und vielleicht auch so, dass sich Geschwister wieder annähern und den Lebensabend miteinander verbringen.

Eine lebenslange Beziehung

Eine 87 Jahre alte Frau berichtet nach dem Tod der 92-jährigen Schwester: „Was soll ich nun machen? Ich war 87 Jahre mit ihr zusammen, es gab sie immer! Länger als meinen Mann, meine Kinder, meine Eltern! Was nun?“ Die gemeinsame Herkunft und Entwicklungsgeschichte – zumindest bei Geschwistern, die miteinander aufwachsen können – sind ein unauflösbares Band. Geschwisterbeziehungen können nicht beendet werden, sie wirken auch dann fort, wenn Geschwister den Kontakt zueinander abgebrochen haben, bzw. einen distanzierten Umgang miteinander pflegen.

Im Folgenden geben wir einige Tipps, wie verschiedene Phasen der Geschwisterbeziehung von Beginn an möglichst unkompliziert und altersgerecht durchlaufen werden können. Natürlich ist jede Familie individuell und wird eigene Rituale und Ideen haben – wir liefern daher einen Mix aus konkreten Handlungsideen und hilfreichen Informationen.

Während der Schwangerschaft:
Vorgeburtliche Beziehung als Vorläufer der Geschwisterliebe

Geschwisterliebe setzt zumeist bereits vor der Geburt des Geschwisters ein und kann für die sozio-emotionale Entwicklung von Kindern ein wichtiger Baustein sein. In der Geschwisterforschung wird häufig davon ausgegangen, dass einschneidende Benachteiligungen durch die Eltern oder Konflikte mit dem Geschwister erst nach dessen Geburt zu erwarten sind. Benachteiligungen für das Geschwisterkind können jedoch bereits während der Schwangerschaft auftreten, z.B. wenn die Mutter nicht mehr in der Lage ist, ihr Kind zu tragen, da sie ihren Rücken schonen muss, häufiger erschöpft ist und am kindlichen Spielgeschehen nicht mehr im bisher gewohnten Maß teilhaben kann. Wenn Kinder in solchen Situationen die Erklärung erhalten: „Das ist der Jonas, der im Bauch so drückt und der Mama solche Schmerzen bereitet.“, fällt es vielen altersbedingt schwer zu differenzieren. Dies kann zudem eine negative Belastung der Beziehung zum ungeborenen Geschwisterkind mit sich bringen. Für Eltern ist es eine sensible Phase, da Geschwisterkinder als Teil des Familiensystems für sich eine neue Position finden und sich emotional neu orientieren müssen. Für Eltern bedeutet die Schwangerschaft mit dem zweiten oder dritten Kind kein „Neuland“ mehr, für das Erstgeborene schon.

Geschwister aktiv mit einbeziehen

Grundsätzlich ist festzuhalten, dass eine liebevolle Familienatmosphäre die ideale Voraussetzung für den positiven Beziehungsaufbau eines Kindes zu seinem ungeborenen Geschwister ist. Wenn ein Kind sich selbst geliebt fühlt, verfügt es über ausreichend Liebesenergie, die es auf den Neuankömmling übertragen kann. Ältere Geschwister möchten aktiv an der Schwangerschaft teilhaben, etwa indem sie Schlaflieder singen, den Bauch der Mama streicheln, sich die Ultraschallbilder anschauen. Gegen Mitte der Schwangerschaft, wenn die ersten Bewegungen spürbar werden, nehmen manche Kinder die Gelegenheit wahr, erste Kontakte aufzubauen, wohingegen andere sich kaum dafür interessieren. Zugleich werden Kinder in dieser Phase damit konfrontiert, Rücksicht auf die Mutter und das Ungeborene nehmen zu müssen, da diese sie nicht mehr tragen kann und es nicht mehr möglich ist, auf dem Schoß der Mutter zu sitzen. Für viele Kinder läutet dies einen Entwicklungsprozess ein, sie werden reifer. Zudem kann die Beziehung zum anderen Elternteil vor der Geburt gestärkt werden, was wiederum förderlich für die Bindung nach der Geburt des Familienzuwachses ist. Eine häufige Frage von Kindern ist die, wie das Kind in den Bauch der Mutter gekommen sei. Auf diese Frage sollte eine altersgerechte, korrekte Aufklärung erfolgen – bei Bedarf unter Zuhilfenahme von Kinderbüchern. Zudem bieten Kranken- und Geburtshäuser vorbereitende Kurse für werdende Geschwister an, zum Beispiel das Geburtshaus Hamburg.

Wann ist der richtige Zeitpunkt, um zu erzählen, dass ein Geschwisterchen unterwegs ist?

Häufig stellen sich Eltern die Frage, wann der richtige Zeitpunkt dafür ist, ihrem Kind zu erzählen, dass es eine Schwester oder einen Bruder bekommen wird. Grundsätzlich spüren Kinder, dass eine Veränderung innerhalb der Familie ansteht, können dies jedoch oft nicht rational einordnen und ihre Fragen und Eindrücke verbalisieren. Kinder verfügen über nahezu seismografische Fähigkeiten, mit denen sie die Stimmungslage ihrer Eltern erfassen und jegliche Veränderung erspüren können. Es gibt Kinder, deren Sensibilität so erhöht ist, dass sie sogar vor den Eltern die anstehende Veränderung erspüren.

Es ist in jedem Fall anzuraten, dass Eltern ihr Kind frühzeitig und kindgerecht über das Ereignis der Schwangerschaft informieren und es nicht in Gefühlen von Ungewissheit und Spekulation belassen. Denn Kinder entwickeln häufig ihre eigenen Hypothesen in Bezug auf die spürbaren Veränderungen, wenn sie nicht über deren Hintergrund informiert werden – und diese Vorstellungen gehen nicht selten in eine katastrophisierende Richtung.

Selbstverständlich sind die ersten drei Monate einer Schwangerschaft mit der Ungewissheit verbunden, ob sich der Embryo tatsächlich einnisten wird und ob das ältere Kind in dieses Wissen einbezogen werden sollte. Dazu sei gesagt: Kinder haben noch einen natürlichen und ungezwungenen Umgang mit Themen wie Geburt und Sterben – wenn ihnen dieser gelassen wird. Von Seiten des Kindes spricht also vieles für ein frühes Einbeziehen.

Die emotionale „Achterbahnfahrt“, die eine Schwangerschaft mit sich bringt – die Übelkeit, die Launenhaftigkeit oder die Stimmungswechsel, die zunehmende Anstrengung und nicht zuletzt die große Freude oder auch die tiefe Traurigkeit – spüren Kinder mit ihren eigenen Sinnen. Dabei hilft es ihnen, den für sie unbekannten und nicht recht greifbaren Vorgang mit kindgerechten Bildern verständlich zu machen. In jedem Fall sollte, gerade bei einem positiven Verlauf der Schwangerschaft, das Kind nicht als letztes von der Neuigkeit erfahren, da es sich sonst zurückgesetzt und nicht ernst genommen fühlen könnte. Ein Gefühl, das sich zusätzlich verstärkt, wenn Verwandte, Freunde oder Bekannte sich nach dem Verlauf der Schwangerschaft erkundigen und nicht wissen – oder berücksichtigen – dass das Kind von der Schwangerschaft der Mutter noch nichts weiß. Für das Gespräch mit dem Kind sollte ein angemessener, durchaus feierlicher Rahmen geschaffen werden.

Greifbar machen und Fragen beantworten

Es ist wichtig, dem neuen Familienmitglied einen Namen oder einen Kosenamen zu geben. Das Baby erhält so einen Status und eine Daseinsberechtigung und ist nicht länger das unbekannte Wesen, das in naher Zukunft aus dem Bauch der Mutter zur Welt kommen wird. Neun Monate Schwangerschaft stellen eine verhältnismäßig lange Zeit für das Verständnis kleiner Kinder dar, deren Zeitgefühl noch nicht ausgeprägt ist. Dies entwickelt sich erst allmählich ab dem dritten Lebensjahr. Eine altersgerechte Erklärung zum Zeitpunkt der Ankunft des Babys könnte zum Beispiel sein: „Unser Baby wird geboren, wenn der Winter da ist. Vielleicht liegt dann Schnee. Jetzt hat gerade der Frühling begonnen und die Blumen blühen."

Des Weiteren ist es wichtig dem Kind zu vermitteln, dass seine Mutter nicht krank ist, sondern dass die Bauch- und Rückenschmerzen, die sie mitunter hat, sowie Übelkeit und Gereiztheit normale Begleiterscheinungen im Verlauf einer Schwangerschaft sind und nichts mit dem Verhalten des Kindes zu tun haben!

Das frühzeitige Versorgen des Kindes mit Informationen und die Aufforderung nachzufragen, wenn es etwas nicht einordnen kann, tragen in der Regel dazu bei, dass es beunruhigende Situationen – wie Übelkeit und Erbrechen der Mutter – einordnen kann und nicht als bedrohlich erlebt. Gleichzeitig sollte bedacht werden, dass ein Zuviel an Informationen verwirrend wirken kann. Es gilt, die Signale des Kindes wahrzunehmen und zu achten: Wenn Kinder etwas nicht verstehen, fragen sie in der Regel nach und signalisieren durchaus auch, wenn sie sich von den Antworten überfordert fühlen. Je kleiner das Kind, desto kürzer und knapper sollten die Informationen sein – gern mit Unterstützung kindgerechter Medien, ohne zu viele anatomische Prozesse und medizinische Details. Beim Vorlesen ist zu empfehlen, ausschließlich auf die Nachfragen des Kindes einzugehen, und beschriebene Fakten und Vorgänge nicht von sich aus zusätzlich zu erläutern, wenn das Kind dazu keine Fragen stellt.

- Das Kind sollte so früh wie möglich informiert werden, damit es die gespürten Änderungen richtig einordnen kann und sich nicht zurückgestellt fühlt.
- Altersgerechte Bilder und Erklärungen in einem feierlichen Rahmen binden das Kind in die familiäre Veränderung mit ein.
- Geben Sie dem Baby schon einen (Kose-)Namen, damit es für das Geschwisterkind nicht zu abstrakt bleibt.
- Ordnen Sie den Geburtstermin der Jahreszeit zu, denn kleine Kinder haben noch kein Zeitgefühl wie Erwachsene.
- Erklären Sie, welche Änderungen eine Schwangerschaft mit sich bringt, aber überfordern Sie das Kind nicht mit medizinischem Wissen.

Geburt: das Geschwisterkind vorbereiten und einbeziehen

Mama muss ins Krankenhaus

Wie bereits erwähnt, sind Kinder oft wie Seismographen. Sie entwickeln ihre eigenen Vorstellungen und Fantasien darüber, wie eine Geburt im Krankenhaus ablaufen könnte. Erwachsene wissen häufig nicht, welche Vorstellungen und Assoziationen bei Kindern entstehen, wenn ihnen mitgeteilt wird, dass ein Baby im Krankenhaus zur Welt kommen wird. Eine gute Möglichkeit, die Vorstellungswelt des Kindes mit der realen Situation abzugleichen, könnte in einer gemeinsamen Besichtigung der Klinik, in der die Mutter entbinden wird, liegen. Ein Besuch von Eltern und Kind im Krankenhaus vor der Geburt kann dazu beitragen, dem Kind mehr Sicherheit und Orientierung zu vermitteln. Inzwischen wird diese Möglichkeit von immer mehr Geburtsstationen eingeräumt – sollte die ausgewählte Klinik dies nicht anbieten, besteht die Alternative, sich gemeinsam auf der Homepage ein Bild vom Kreißsaal und der Geburtsstation zu machen. Kinder nehmen dann rasch wahr, dass die Bilder, die sie sehen, wenig mit ihrer Vorstellung oder Erfahrung von Krankenhaus zu tun haben.

Häufig sind es auch die Hebammen, die bewusst das Gespräch mit dem jeweiligen Geschwisterkind suchen und dessen Vorstellungen und Fantasien aufgreifen. Auch hier ist es empfehlenswert, die Fragen des Kindes in den Mittelpunkt zu stellen und nicht so sehr die medizinischen Abläufe.

Leichte Wehen zu Geburtsbeginn können bereits zu Hause einsetzen und der Mutter Schmerzen verursachen. Das ist ein natürlicher Bestandteil der Schwangerschaft, der Kindern nicht vorenthalten werden sollte. Hier könnte eine gute Vorbereitung darin bestehen, eine derartige Situation im Vorfeld gemeinsam mit dem Kind durchzuspielen und die Wehen – verbunden mit dem Stöhnen – anzudeuten.

Eine wichtige Frage, die vor der Geburt zu klären ist, ist diejenige, bei wem sich das Kind während der Geburt seines Geschwisterchens aufhalten wird – sei es bei Freunden, Bekannten, den Großeltern oder anderen Familienmitgliedern oder ob eine oder mehrere vertraute Personen in die elterliche Wohnung oder das Haus zur Betreuung kommen.

Dieses Thema sollte unbedingt rechtzeitig und gemeinsam besprochen werden und auf Wünsche oder Ablehnung des Kindes weitestgehend eingegangen werden. Dazu gehört auch, dem Kind zu erläutern, was passiert, wenn sein Geschwisterchen am Tag oder in der Nacht zur Welt kommen wird und es vielleicht morgens wach wird und die Eltern nicht da sind, sondern die Oma, Opa oder eine Freundin der Familie.

- Sprechen Sie mit dem Geschwisterkind über die Geburt und wo sie stattfinden wird.
- Schauen Sie sich, wenn möglich, den Geburtsort an, um echte Bilder zu vermitteln.
- Fragen des Kindes sollten angemessen beantwortet werden, auch der Ablauf der Geburt sollte besprochen oder durchgespielt werden, denn die Geburt beginnt meist zu Hause.
- Das Kind benötigt Gewissheit über seinen Aufenthaltsort während der Geburt und darüber, wer sich um es kümmern wird.

Kann ich meinem Kind eine Hausgeburt zumuten?

Eine wichtige Voraussetzung für eine Hausgeburt ist der Ausschluss aller Risikofaktoren, die eine besondere medizinische Betreuung von Mutter und Neugeborenem notwendig machen. Ein eindeutiges Für oder Wider bezüglich der Teilnahme des Geschwisterkindes an einer Hausgeburt gibt es nicht. Vielmehr sollten Antworten auf die Fragen nach den Wünschen der gebärenden Frau und des Elternpaares gefunden werden, wie auch eine Einschätzung, was dem Kind zumutbar erscheint und wie sicher sich Eltern mit ihrer Entscheidung fühlen.

Unbedingt sollten die Bedürfnisse aller Familienmitglieder bei der Vorbereitung auf die Hausgeburt geprüft werden:

- Ist es wirklich der Wunsch des Kindes, bei der Geburt dabei zu sein?
- Ist das Kind gut vorbereitet?
- Können sich beide Elternteile vorstellen, dass das Kind dabei ist?
- Kann sich die Mutter trotzdem in die Geburt fallen lassen?
- Sieht sich die Mutter in der Lage, die Verantwortung für das Geschwisterkind während der Geburt abzugeben?
- Änderungen sollten jederzeit möglich sein (die Mutter möchte doch alleine sein, das Kind möchte doch lieber nicht im Geburtsraum sein etc.)
- Sowohl Zurückweisung (durch einen kompletten Ausschluss vom Geburtsvorgang) als auch Überforderung (durch fehlende Vorbereitung und Begleitung) sollten für das Erstgeborene vermieden werden.
- Eine feste Betreuungsperson für das Kind sollte zur Geburt anwesend sein.

Das Baby ist da!

Lassen Sie uns aus der Perspektive der Kinder beginnen.

Das erstgeborene Kind erlebt nach der Geburt:

„Ich komme auf die Welt. Alles ist neu! Mein Heim ist vorbereitet, alle schauen mich freudig an. Aufgeregt, unsicher, gefühlvoll, überfordert, hingerissen, liebevoll, stolz – so werde ich von meinen Eltern und Großeltern begrüßt.
Ich bin das erste Kind in dieser Familie! Ausdruck von Liebe und Zuneigung, Hoffnung und Sehnsucht. Vielleicht lange schon geplant oder spontan und schnell gewachsen. Auf jeden Fall: Jetzt bin ich da! Und die Welt dreht sich erst einmal um mich!
Ich bin es gewohnt, dass ich der einzige kleine Mensch in diesem Haus bin und dass es nur für mich besondere Dinge gibt: Kinderstuhl und Kinderbett, Kindertasse und Spielsachen, Kuscheltuch und Kloaufsatz. Die Erwachsenen müssen alles teilen.
Auch der Tagesablauf ist ganz auf mich eingestellt. Alle bemühen sich, dass ich gut aufgehoben bin, die Eingewöhnung bei Tagesmutter oder KiTa erfolgt behutsam und mit Sorgen und Vorsicht bei meinen Eltern. Es scheint, als wäre ich die Hauptperson in diesem Universum!“

Das zweite Kind erlebt:

„Ich komme auf die Welt. Mein Heim ist schon vorbereitet, meine Eltern erscheinen gelassen. Sie freuen sich über mich, aber ich sehe die Freude nur kurz in ihren Augen, dann sind sie wieder abgelenkt. Außer mir gibt es noch ein anderes Menschenwesen, nicht ganz so groß wie die Eltern und Großeltern, eher klein. Aber es gehört zum Haus und ist sicherlich schon ganz lange hier. Macht es mir Platz? Es gibt so komische Geräusche von sich, als ich die warme Decke bekomme, die so gut nach ihm riecht. Manchmal werde ich stolz angeschaut, weil sich dieser kleine Mensch schon so groß fühlt und keine Windeln mehr braucht. Aber manchmal wird mir auch alles weggenommen. Ach ja, das gehört sich wohl so! Zumindest ist dieses Kind immer da, wir teilen ein Zimmer, und beim Einschlafen bin ich nicht allein. Ich glaube, mein Geschwister ist genauso für mich da wie meine Eltern, nur es ist kleiner. Das ist wunderbar!“

Das erstgeborene Kind erlebt nun:

„Was ist denn das? Warum ist plötzlich immer ein Baby da? Okay, sie haben darüber gesprochen und mir davon erzählt. Aber nun ist es den ganzen Tag da! Vermutlich bin ich ihnen zu schnell gewachsen? Wollten meine Eltern lieber ein Windelkind? Können sie haben … Oder war ich zu frech? Das Baby kann noch nicht sprechen und ist meistens brav …. Und dann wird es auch noch in mein Zimmer gelegt, und ich bekomme von allen zu hören, dass ich ja nun „die/der Große“ bin und „vernünftig“ sein soll. Dazu gehört dann: warten, bis das Baby satt ist; allein sitzen, wenn das Baby auf Mamas Schoß ist; schweigen, wenn es meinen Lieblingspullover bespuckt; geduldig sein, wenn Papa keine Zeit für mich hat; das Licht ausmachen, weil das Baby schlafen soll; langsamer gehen, weil Mama den Kinderwagen mitnehmen muss; auf Oma verzichten, weil sie nur noch „eieiei“ mit dem Baby macht; Dinge tun, die ich vorher nicht tun durfte – nun bin ich plötzlich „schon groß“ und keiner sieht, dass ich auch noch klein bin.“

Ich liebe dich – ich hasse dich

Im Rahmen einer Untersuchung, an der 224 Familien teilnahmen, beobachteten viele Eltern, dass die erstgeborenen Kinder ungefähr drei Wochen nach der Geburt des Geschwisterkindes ihr Verhalten oft änderten. Sie wurden den Eltern gegenüber fordernd, widerspenstig und aggressiv und verursachten damit erheblichen Stress. Den Geschwistern gegenüber jedoch blieben sie interessiert, waren bei der Pflege behilflich und zeigten zumeist ein zärtliches Verhalten. Sie zeigten eindeutig eine Mischung aus Freude und Eifersucht[1]. Was bedeutet Eifersucht? Wir erleben die Eifersucht als ein nicht sehr beliebtes Gefühl, oft verbunden mit den Gedanken an Hysterie und Verboten. Wir glauben: So etwas darf nicht sein!

Doch: es darf sein! Es ist der Ausdruck eines umfassenden sozialen Gefühls und ein Zeichen, dass der (kleine) Mensch Bindungen eingegangen ist, diese Bindungen erkennt und zu sozialem Handeln fähig ist. Die Eifersucht entsteht in einem sozialen Dreieck: der eifersüchtige Mensch, die geliebte Person und ein Rivale oder eine Rivalin. „So kann ein Kind das neugeborene Geschwister als eine Bedrohung der Beziehung ansehen, die zwischen ihm und der Mutter besteht, deshalb Angst empfinden und sich folglich störend in das Miteinander von Mutter und Baby einmischen.“[2]

Grundsätzlich löst die Beobachtung, dass die Bindungsperson sich intensiv mit jemand anderem beschäftigt, das Bindungsverhalten aus, welches aus der kindlichen Erfahrung heraus wieder eine sichere Bindung gewährleisten soll. Unter Bindungsverhalten verstehen wir das Verhalten des Kindes, dass es zeigt, wenn die Nähe zu Mutter oder Vater verringert wird, das Gefühl entsteht, nicht mehr geliebt und erwünscht zu sein. Je nach den Vorerfahrungen des Kindes – wir nennen es Bindungsmuster – stehen verschiedene Verhaltensweisen zur Verfügung, um sich der Aufmerksamkeit der Eltern wieder zu versichern.

Die meisten Kinder sind sicher gebunden und reagieren in einer solchen Situation angemessen. Sie beobachten moderat, was die Eltern mit dem Baby anstellen, können dabei weiter in ihrem Spiel bleiben, fordern gelegentlich Aufmerksamkeit („Mama, schau mal, was ich hier habe“) und zeigen positive, angemessene Annäherung.

1 Vgl. Volling et al. (2020): Eifersucht und Freude. In: Brisch (2020): Bindung und Geschwister, S. 45.

2 Ebenda S. 46

Die Reaktion der Eltern ist ebenfalls positiv zugewandt, das Kind bekommt angemessene Aufmerksamkeit. Das kann zeitlich kurz sein, die Intensität ist hier die Qualität. Auch ein Einbinden des Kindes in den Kontakt mit dem Säugling (ohne eine Überforderung auszulösen) fördert das Sicherheitsbedürfnis des Kindes. Erzählungen wie zum Beispiel: „Deine ersten Schuhe habe ich auch aufbewahrt" oder „Weil ich so viel mit dir gelernt habe, kann ich das nun beim Baby gut" intensivieren den Kontakt und stellen eine positive Dreieckssituation dar.

Einige Kinder sind sich ihrer Bindungspersonen nicht immer sicher. Sie haben vielleicht schon schwierige Trennungssituationen oder hohe Belastungen erlebt. Sie reagieren mit erhöhter Angst und sehen in dem Geschwisterkind eine ernsthafte Bedrohung. Vielleicht ziehen sie sich zurück, vermeiden den Kontakt oder reagieren mit Schlafproblemen.

Die Eltern sind aufgefordert, die Verhaltensänderungen wahrzunehmen. Oft erscheinen die stillen Kinder einfacher in ihrem Verhalten. Sie fordern nicht und die Zurückgezogenheit wird manchmal zu Unrecht als „das Kind ist so lieb" interpretiert. Es ist wichtig, die Kinder aus ihrer „stillen" Ecke herauszuholen und sie zu ermuntern, ihre Gefühle zu äußern. Diese Gefühle sollten wertschätzend angenommen werden. Eine Verurteilung hilft dem Kind nicht, sondern zeigt nur, dass es sich weiterhin nicht geliebt fühlen darf.

Sehr wenige Kinder reagieren mit erheblichen Protesten, wenn sich die Mutter um das Baby kümmert. Sie suchen intensiven körperlichen Kontakt, fordern die Aufmerksamkeit vehement ein, und es entwickelt sich fast eine kleine Rauferei. Leider enden solche Auseinandersetzungen häufig in Streit und Tränen.

Die Eltern sind zumeist mit dieser Situation auch überfordert und verstehen den dahinter liegenden Wunsch des Kindes nach Trost und Nähe nicht. Die Interventionen der Eltern führen oft zu weiteren Auseinandersetzungen. Dann könnte es erforderlich sein, sich familientherapeutische Hilfe zu holen. Hier wird ein grundlegender Konflikt des Kindes sichtbar, der sich in den nächsten Jahren noch verstärken könnte, wenn nicht frühzeitig Hilfen in Anspruch genommen werden.

Alltag mit mehreren Kindern

Rituale, Regeln, Verantwortung

Schon während die Eltern mit einem Kind allein leben, wird die Grundlage für das soziale Leben gelegt. Auch in der Einkindfamilie braucht das Kind nicht immer im Zentrum der Aufmerksamkeit stehen. In den Industrienationen hat sich die Familie in den letzten 100 Jahren so entwickelt, dass ein Kind häufig im Mittelpunkt steht. Durch die Fähigkeit des Kindes, kurzzeitig auf einen Elternteil verzichten zu können, ohne dessen Liebe zu verlieren – und das gilt sowohl in Richtung des Kindes als auch in Richtung der Eltern – wird die Grundlage zur Fähigkeit des sozialen Miteinanders gelegt. Die Eltern nehmen sich Paarzeit, in der das Kind allein oder in Betreuung ist. Die Mutter und der Vater dürfen auch weiterhin ein Leben als eigenständige Frau bzw. Mann führen! Das Kind lernt so, dass es gemeinsame Zeiten gibt, aber auch Zeiten, wo es „das Dritte im Bunde" ist. Im Alltag erleben manche Familien liebevolle und angeregte Spiele der Geschwisterkinder miteinander. Sobald ein Elternteil auftaucht, beginnt der Streit um ein Spielzeug, einen Sitzplatz, ein „Zuerst-Ich". Häufig reagieren Eltern so, dass sie die Konflikte bei den Kindern suchen. „Vertragt euch doch!", oder „Ihr habt doch bis jetzt so gut gespielt!" Die Eltern blenden in diesen Momenten aus, selbst Auslöser für dieses Verhalten sein zu können. Nicht die Kinder verstehen sich plötzlich nicht mehr, sondern die elterliche Aufmerksamkeit ist der Streitpunkt. Hier können Eltern sehr viel lösen, indem sie zum Beispiel jedes Kind einzeln und individuell begrüßen.

Möglichkeiten der individuellen Begrüßung:

Im Erleben:
„Wie war heute dein Kindergarten/Schultag?"

Im Erinnern:
„Du wolltest heute doch … hat es geklappt?"

In der aufmerksamen Beobachtung:
„Du siehst ja ganz zufrieden/munter/fröhlich/traurig aus."

Im Mitteilungsbedürfnis und Zusammenführen:
„Ich muss euch unbedingt etwas erzählen!"

So kann sich jedes Kind individuell angesprochen und gesehen fühlen und eine eigene kleine Welt mit dem Elternteil erleben.

Manchmal ist es einfacher, eine Regel für alle aufzustellen. Jedoch wird häufig der Altersunterschied missachtet. Das ältere Kind hat andere Bedürfnisse als das Geschwisterkind und auch schon andere Rechte. Die Adoleszenz ist der Zeitraum, in dem die Unterschiede am deutlichsten zu Tage treten: Ausgehzeiten, Führerschein, Berufsausbildung: hier gibt es häufig klare Regelungen, die Verhandlungen überflüssig machen. Im Kleinkindalter ist das oftmals schwieriger zu differenzieren. Trotzdem sollte dem ältesten Kind auch die positive Seite des „Ältesten" nicht verwehrt werden:

- etwas länger aufbleiben, um Zeit mit den Eltern allein zu haben
- auch mit dem Freund oder der Freundin alleine spielen zu können
- die Zimmertür nachhaltig schließen zu dürfen

Sosehr Kinder fasziniert von einem Baby sein können, und hier sind tatsächlich die Mädchen viel eher in der Fürsorgehaltung den Geschwistern gegenüber als die Jungen, gilt es für die Eltern, die Verantwortung für die Kinder nicht auf die Schultern der Ältesten zu legen. Wir kennen alle die Sätze: „Ach, das ist doch die/der Kleine", oder „Du bist doch schon groß und vernünftig". Ein Gefühl von Ungerechtigkeit ist die Folge. Und da es psychologisch gesehen viel ungefährlicher ist, die Schuld dem Geschwister zu geben als den Eltern, von denen die Kinder abhängig sind, wird der Grundstein für einen Geschwisterkonflikt gelegt. Zudem kann dieses Gefühl der Verantwortlichkeit auch dazu führen, dass das ältere Kind sich zu einem kleinen Despoten entwickelt, der glaubt, immer die Richtung vorgeben zu können. Je nach Charakter des jüngeren Kindes gibt es Kampf oder Unterwerfung – beides einer guten Geschwisterbeziehung und Persönlichkeitsentwicklung nicht dienlich. Gleiches gilt aber auch für das jüngere Kind, wenn es immer gegenüber den älteren Geschwistern in Schutz genommen wird: die Erfahrung – „Ich kann machen, was ich möchte" ohne Konsequenzen befürchten zu müssen – lässt im ungünstigsten Fall eine Entwicklung zu, die von wenig Sinn für Verantwortlichkeit geprägt ist. Natürlich können und sollen solche Situationen und Gefühle nicht vollständig vermieden werden, dennoch ist es sinnvoll, sich ihrer Wirkmächtigkeit bewusst zu sein.

Selbstverständlich ist es überaus normal, wenn sich Geschwister streiten. Die Eltern müssen nicht sofort und immer eingreifen, das ist nicht die Lebensrealität. Die Kinder können auch aneinander lernen, dass es gesund sein kann, Unmut zu äußern, wütend zu sein, aber auch wieder selbst Frieden zu schließen, Lösungen zu finden und Kompromisse einzugehen. Wenn eines der Kinder jedoch die Eltern um Hilfe bittet, so ist dieser Appell ernst zu nehmen. Es wird sicherlich ab und an Unterstützung benötigt, weil sich ein Geschwisterkind dem anderen ausgeliefert fühlt. Dann gilt es, sich einfühlsam die Situation von beiden schildern zu lassen und beide Sichtweisen zu würdigen (Stichwort: gewaltfreie Kommunikation). Gemeinsam kann dann ein Weg gefunden werden, wie es weitergehen kann, ob sich jemand entschuldigen sollte, ob es neue Vereinbarungen geben muss – und so gibt es ein neues Stück an Familienritualen und Familienerfahrungen.

Häufig wird wegen diverser Besitztümer gestritten: mein Auto, mein T-Shirt, meine Freunde. Viele jüngere Geschwister kennen das Gefühl von Ungerechtigkeit, wenn die ältere Schwester oder der ältere Bruder viele neue Dinge bekommt, während sie selbst die abgetragene Kleidung oder ausrangierten Spielzeuge übernehmen müssen. Hier ist viel Sensibilität gefragt. Natürlich ist es sinnvoll, Kleidung auch weiterzugeben, gerade unter dem Aspekt der Nachhaltigkeit. Besprechen Sie mit Ihrem Kind Ihre Beweggründe und überlegen Sie, welchen Gegenstand das Kind für sich allein neu erwerben möchte. Ebenso gilt es auch mit dem älteren Kind zu besprechen, warum es etwas weitergeben sollte und welche Gegenstände ganz exklusiv bleiben.

Wenn die Kinder älter werden, ist es immer wieder eine Herausforderung, Spiele und Aktivitäten zu finden, die gemeinsam erlebt werden können. In früheren Prä-TV-Zeiten gab es ausgedehnte Spieleabende der ganzen Familie, häufig über drei Generationen hinweg. Dabei entdeckten die Erwachsenen, dass die Kinder häufig bei Memoryspielen oder Geschwindigkeits- und Geschicklichkeitsspielen im Vorteil waren. Welch eine Freude für die Kinder, die Eltern im Spiel schlagen zu können („Klein gegen Groß" ist nicht umsonst so erfolgreich). Diese Spielrituale sollten unbedingt in der Familie wieder aufgenommen werden. Eine Spielstunde am Wochenende bringt mehr Familienzusammenhalt als aufwendige Therapiestunden. Im Spiel ergeben sich Möglichkeiten der Geschwistersolidarität gegen die Eltern, wechselnde Koalitionen über Generationen hinweg, Unterstützungsverhalten den Schwächeren gegenüber. Eine größere Bedeutung als Gewinner-Verlierer-Spiele haben jedoch spielerische Aktivitäten, in denen gemeinsam etwas gebastelt, gebaut, entwickelt wird. Wenn die Eltern genau beobachten, erkennen sie die unterschiedlichen Fähigkeiten und Stärken ihrer Kinder und können diese in die Aktivität mit einbinden, sodass es keine Konkurrenz gibt sondern ein Miteinander und ein Aufeinanderbezogensein. Diese gemeinsamen Aktivitäten sind unabhängig von Zeit und Raum, können sowohl im Haus als auch in der Natur stattfinden.

Eine wichtige Frage für die Eltern ist die eigene Geschwisterkonstellation. Intuitiv identifizieren sich die Eltern mit dem Geschwisterkind, dessen Geburtenfolge der eigenen entspricht. Das kann vielleicht von besonderer Nachsicht bei den jüngeren Kindern geprägt sein, aber auch von sehr großen Erwartungen an die Leistungsfähigkeit bei den ältesten Kindern. Sich die eigenen Geschwisterbindungen bewusst zu machen, erleichtert den Umgang mit den Kindern und kann unliebsame Wiederholungen verhindern.

Eine besondere Konstellation entsteht, wenn das zweitgeborene Kind aus einer neuen Beziehung der Eltern stammt. Das Halbgeschwisterkind erlebt nun als einziges Kind das Zusammenleben mit seinen leiblichen Eltern. Das erstgeborene Kind muss unterschiedliche Beziehungen gestalten, ergründen und aushalten. Wird sich der Stiefelternteil ganz auf sein eigenes Kind konzentrieren? Bin ich ein Außenseiter in dieser Familie? Wie kann sich mein Geschwister mit meinem außerhalb lebenden Vater (oder Mutter) anfreunden? Entscheidend für gelungene und zufriedene Halbgeschwisterbeziehungen ist die Beziehung der Erwachsenen untereinander, nämlich die der leiblichen Eltern und des Stiefelternteils.

Familie ist das Zusammenleben von Erwachsenen mit Kindern, unabhängig vom Status der Erwachsenen zueinander und deren Geschlecht. Sie bietet im optimalen Fall Kindern Geborgenheit, Wachstum, Entwicklung und ein soziales Netzwerk, in dem die Sozialisation von Kindern und Jugendlichen sich entwickeln kann.
Das in der Familie erworbene Handlungspotential und die emotionalen Ressourcen sind für alle Bereiche des Lebens und die nachfolgenden Generationen bedeutsam. Es lohnt sich, den Blick auf die kleinen Prozesse zu lenken, die in unserem Zusammenleben ablaufen. Bei den Geschwistern „geht es … immer wieder darum, sich gesehen, gewertschätzt zu fühlen, in dem Bemühen, nicht nur selbst klarzukommen, sondern auch etwas für die anderen in der Familie zu tun."[3] Die Geschwisterbeziehungen sind ein wichtiger Teil, um auch Solidarität weltweit leben zu können.

---

3 Trost, Alexander (2020): Geschwisterbindungen und Systemdynamiken zwischen Risiko und Resilienz. In Brisch (2020): Bindung und Geschwister, S. 300

Geschichte der Geschwisterbeziehung

Als Erstgeborener wurde früher nur das männliche Kind bezeichnet, das in einer ehelichen Gemeinschaft geboren wurde. Er war der Stammhalter und hatte in der Geschichte immer eine Vormachtstellung als Thron- oder Hoferbe. Im Einzelfall gab es rechtliche Möglichkeiten, auch unehelich zuerst geborene Söhne zu legitimieren, insbesondere wenn es keinen Thronerben oder Nachfolger gab.

In alten Kulturen verfügte der Erstgeborene über besondere Privilegien: Er genoss den größten Anteil der väterlichen Zuneigung, und ihm kam überall der erste Platz nach dem Vater zu. Selbstverständlich übernahm er das Erbe. Allerdings gehörte auch das „Erstmalige“ auf eine besondere Weise der verehrten Gottheit: das Ritual des Menschenopfers. Abraham, der im hohen Alter noch einen Sohn, Isaak, mit seiner Frau Sara bekommen hat, soll ihn Gott opfern. Er gehorcht, und erst im letzten Moment greift ein Engel ein und erklärt, dass es nur eine Probe für seinen Glauben gewesen sei. Der Erstgeborene wird von nun an durch Geschenke oder klar definierte Leistungen bei den Priestern freigekauft.

Abrahams Familiengeschichte bietet uns weitere Anhaltspunkte: Sein Sohn Isaak wird zum alleinigen Erben erklärt, die Söhne seiner Nebenfrauen werden mit Geschenken fortgeschickt. Nun zeugt Isaak auch in hohem Alter mit Rebekka Zwillinge: Esau, der Ältere, und Jakob. Esau wird zum Liebling des Vaters, Jakob zum Liebling der Mutter. Mit einer List gelingt es der Mutter, dass Jakob den ersehnten Segen des erblindeten Vaters, der eigentlich für Esau bestimmt ist, erhält. Die Brüder entzweien sich daraufhin, Jakob muss fliehen, und erst 20 Jahre später versöhnen sie sich wieder.

Geschwisterpaare durchziehen die Märchen und Mythen: Romulus und Remus, Brüderchen und Schwesterchen, Hänsel und Gretel. Bedeutsam werden die Beziehungen dadurch, dass sie sich gegenseitig stärken und unterstützen in der Bewältigung des Lebens und nach großen Verlusten. Doch bis zu dieser Bindung, die der Stärkung dient, ist noch ein Entwicklungsweg zu gehen, der sich zu Beginn als nicht so einfach zeigt.

Literatur

Fachliteratur

Bohleber, Werner (Hrsg.) (2017): Geschwister. In: Psyche (9/10), Stuttgart, Klett Cotta.

Brisch, Karl Heinz (Hrsg.) (2020): Bindung und Geschwister. Stuttgart, Klett Cotta.

Fries, Mauri (Hrsg.) (2010): Wie ein Baby seine Welt entdeckt. Die Entwicklung Ihres Kindes verstehen und begleiten. Idstein, Beltz Verlag.

Gesellschaft für Qualität in der außerklinischen Geburtshilfe e.V. (Hrsg.) (2019): Qualitätsbericht 2019. https://www.quag.de/downloads/QUAG_Bericht2019.pdf (zuletzt abgerufen: 7.1.2021).

Leman, Kevin (2016): Geschwisterkonstellationen. München, mvg Verlag.

Prekop, Jirina (2000): Erstgeborene. München, Kösel Verlag.

Trost, Alexander (2020): Geschwisterbindungen und Systemdynamiken zwischen Risiko und Resilienz. In Brisch (2020): Bindung und Geschwister. Stuttgart, Klett Cotta.

Volling, Brenda L., Yu, Tianyl, Gonzalez, Richard, Kennedy, Denise E., Rosenberg, Lauren, & Oh, Wonjung (2020): Eifersucht und Freude. In: Brisch (2020): Bindung und Geschwister. Stuttgart, Klett Cotta.

Ratgeber

Heinke, Sabrina (2020): Ziemlich beste Geschwister. Hannover, humboldt Verlag.

Kasten, Hartmut (1994): Geschwister – Vorbilder, Rivalen, Vertraute. Heidelberg, Berlin, New York: Springer.

Klüver, Nathalie (2018): Willkommen Geschwisterchen Stuttgart, Thieme Verlag.

Kinderbücher

Boie, Kirsten & Brix, Silke (1994): Klar dass Mama Ole lieber hat. Hamburg, Oetinger Verlag.

Maxeiner, Alexandra & Kuhl, Anke (2019): Alles Familie. Leipzig, Klett Kinderbuch Verlag.

Pinan, Berta (2013): Meine Schwester ist ein Stinktier. München, Ellermann Verlag.

Majka Gerke, Wiltrud Wagner

Warum immer Paul?

Große Schwester sein nervt!

26 Seiten, geheftet
Format 12 x 12 cm
1,40 Euro, 2 SFr.
Staffelpreise ab 30 Ex.
ISBN 978-3-86321-329-9
Für Kinder ab 4 Jahren

Paul ist überall und nie hat Greta Mama und Papa für sich alleine. Richtig spielen kann sie auch nicht mit ihm. Wozu hat man eigentlich einen Bruder? Dieses Bilderbuch nähert sich behutsam dem Thema Konkurrenz und Eifersucht und wie Kinder und Eltern lernen, damit umzugehen.
Die fünf Bilderbücher von Majka Gerke und Wiltrud Wagner begleiten Greta von der Zeit, in der Mama mit ihrem kleinen Bruder Paul schwanger ist, über das Kennenlernen des Babys nach der Geburt bis hin zum Babyschlaf und schreiendem Baby.

V. Demes, J. Loske, M. Graber-Dünow

Jori, Urma und Herr Brause

Ein Kinderfachbuch über Altenheime

Jori besucht seine Uroma, die er liebevoll Urma nennt, in einem Altenheim. Ein langweiliger Ausflug? Nicht für Jori! Er begegnet Herrn Brause und anderen BewohnerInnen, die dort ein neues Zuhause gefunden haben. Und er hätte nicht gedacht, wer hier gemeinsam musiziert ... Dieses Kinderfachbuch zeigt fantasievoll, dass das Altenheim ein Ort der Begegnung ist. Der Fachteil gibt Hintergrundinformationen und hilft dabei, die Besuche für Kinder vorzubereiten und zu begleiten.

57 Seiten, gebunden
Format 21 x 21 cm
16,95 Euro, 21,90 SFr.
ISBN 978-3-86321-531-6
Für Kinder ab 5 Jahren

Mabuse-Verlag
Postfach 900647 • 60446 Frankfurt am Main
Tel.: 069 – 70 79 96-16 • Fax: 069 – 70 41 52
bestellen@mabuse-buchversand.de • www.mabuse-buchversand.de

Olliver Merbeth-Brandtner

Pau und die Wut

über ein starkes Gefühl und wie man damit umgeht

2. Auflage 2018
37 Seiten, gebunden
Format 14,8 x 21 cm
12,95 Euro, 16,90 SFr.
ISBN 978-3-86321-341-1
Für Kinder ab 3 Jahren

„Manchmal kommt die Wut wie eine Welle. Wie eine Wutwelle. Ganz schnell und ganz groß. Dann verwandelt Pau sich. Im Spiel, na klar." So eine Wut, wie Pau sie erlebt, kennen wahrscheinlich alle Kinder und alle Eltern. „Pau und die Wut" ist eine Geschichte für Kleine und Große, über Wut, die Raum und Zeit braucht und dann wieder verschwindet, um Neuem Platz zu machen.

Catarina Knüvener

Mein Monster-Ich

über die kleinen Alltags-Schrecken

Sie sind überall, die kleinen Monster! Der Große Hunger, die Schlechte Laune, die Schadenfreude, der Wüterich ... Wir begegnen ihnen jeden Tag und müssen lernen, sie zu zähmen. Kleine Tricks helfen kleinen wie großen Monsterbändigern dabei, sich nicht unterkriegen zu lassen. Die Monster in diesen Büchern symbolisieren Gefühle oder Situationen, die Kinder kennen, aber oft nicht benennen können. Hier erfahren sie spielerisch und humorvoll mehr über die Monster, und erhalten Tipps, wie man sie wieder loswerden kann.

2. Auflage 2019
48 Seiten, gebunden
Format 28,0 x 21,6 cm
14,95 Euro, 19,90 SFr.
ISBN 978-3-86321-418-0
Für Kinder ab 5 Jahren

Mabuse-Verlag

Postfach 900647 • 60446 Frankfurt am Main

Tel.: 069 – 70 79 96-16 • Fax: 069 – 70 41 52

bestellen@mabuse-buchversand.de • www.mabuse-buchversand.de